O
MONTE
QUE
ESCALAMOS

AMANDA GORMAN

O MONTE QUE ESCALAMOS

UM POEMA PARA O NOVO TEMPO

Prefácio de OPRAH WINFREY

Tradução de Stephanie Borges

intrínseca

Copyright © 2021 by Amanda Gorman
Copyright do Prefácio © 2021 by Harpo, Inc.
Proibida a venda em Portugal, Angola e Moçambique.

TÍTULO ORIGINAL
The Hill We Climb: An Inaugural Poem for the Country

PREPARAÇÃO
Ana Guadalupe

LEITURA SENSÍVEL
Jess Oliveira
Nina Rizzi
Rogério Galindo

REVISÃO
Laura Torres

ADAPTAÇÃO DE PROJETO GRÁFICO E DIAGRAMAÇÃO
Ilustrarte Design

DESIGN DE CAPA
© Matt Broughton

CIP-BRASIL. CATALOGAÇÃO NA PUBLICAÇÃO
SINDICATO NACIONAL DOS EDITORES DE LIVROS, RJ

G683m

    Gorman, Amanda, 1998-
        O monte que escalamos : um poema para o novo tempo / Amanda Gorman ; prefácio Oprah Winfrey ; tradução Stephanie Borges. - 1. ed. - Rio de Janeiro : Intrínseca, 2024.
        32 p. ; 21 cm.

    Tradução de: The hill we climb
    ISBN 978-85-510-1026-6

    1. Poesia americana. I. Winfrey, Oprah. II. Borges, Stephanie. III. Título.

24-88694   CDD: 811
                                          CDU: 82-1(73)

Gabriela Faray Ferreira Lopes - Bibliotecária - CRB-7/6643

[2024]
Todos os direitos desta edição reservados à
Editora Intrínseca Ltda.
Av. das Américas, 500, bloco 12, sala 303
22640-904 – Barra da Tijuca
Rio de Janeiro - RJ
Tel./Fax: (21) 3206-7400
www.intrinseca.com.br

PREFÁCIO

OPRAH WINFREY

∼

SÃO RAROS ESSES momentos de incandescência, em que o turbilhão de dor e sofrimento dá lugar à esperança. Talvez até mesmo à alegria.

Em que uma profunda aflição, tendo invadido nossa alma e abalado nossa fé — tão indizível quanto insuportável —, é transformada em algo límpido e puro.

Em que a sabedoria flui em cadências que se sincronizam com o pulsar do nosso sangue, com as batidas do nosso coração.

Em que a graça e a paz ganham forma humana e fazem a diferença, sabendo onde nós estivemos e para onde devemos ir, iluminando nosso caminho com suas palavras.

Ela era tudo que esperávamos, essa "garota negra magricela, descendente de escravizados", capaz de nos mostrar nossa verdadeira natureza, nossa herança humana, nosso coração. Todos que a ouviram tiveram a esperança renovada e ficaram maravilhados ao enxergar o melhor de quem somos e de quem podemos ser pelo olhar e pela essência de uma jovem de vinte e dois anos, a poeta mais jovem a participar da cerimônia de posse do presidente dos Estados Unidos.

Suas palavras nos renovaram, curaram nossas dores e ressuscitaram nossos espíritos. "Uma nação ferida mas inteira", que estava de joelhos, se pôs de pé.

E, por fim, um milagre: sentimos o sol romper a "escuridão sem fim".

Esse é o poder da poesia. E esse é o poder que testemunhamos coletivamente na posse do presidente Joseph R. Biden, em 20 de janeiro de 2021.

O dia em que Amanda Gorman, apresentando a versão mais plena e radiante de si, levantou-se e esteve à altura do microfone e daquele grande momento para nos oferecer o presente que é *O monte que escalamos*.

*Declamado pela poeta
na cerimônia de posse
do presidente Joe Biden,
em 20 de janeiro de 2021*

Sr. presidente e dr. Biden,
sra. vice-presidenta e sr. Emhoff,
americanos e o mundo todo:

Quando chega o dia, nos perguntamos:
Onde podemos encontrar a luz
Nesta escuridão sem fim?
A dor que cada um traz, um mar que devemos cruzar.

Persistimos nos braços da intempérie.
Aprendemos que silêncio nem sempre é paz,
E que as ideias e regras do que "todo mundo faz"
Nem sempre são justiça.

E, no entanto, a aurora chega antes de nos darmos conta.
De algum jeito, conseguimos.
De algum jeito, enfrentamos e testemunhamos
Uma nação que não está aos pedaços, mas sim
incompleta.

Nós, sucessores de um país e de um tempo
Em que uma garota negra magricela,
Descendente de escravizados e filha de
   mãe solo,
Pode sonhar em ser presidenta
E se ver diante de um, declamando seu poema.

Sim, estamos longe de ser impecáveis,
   longe de ser imaculados.
Mas isso não significa que o esforço
   é para formar uma união perfeita.
Queremos que nessa união
   haja propósito.

Queremos criar um país comprometido
Com todas as culturas, cores, características
E condições humanas.
Por isso lançamos nosso olhar não
Ao que se interpõe entre nós,
Mas ao que está diante de nós.
Reunimos os esforços
Porque sabemos que, para colocar
o futuro em primeiro lugar, antes devemos
deixar as diferenças de lado.

Baixamos as armas
Para dar as mãos uns aos
 outros.
Não desejamos mal a ninguém, desejamos harmonia
[para todos.

Que o mundo, ao menos, diga que é verdade:
Ainda que de luto, crescemos,
Ainda que feridos, não perdemos a esperança,
Ainda que cansados, tentamos.
Estaremos unidos para sempre.

Vitoriosos,
Não porque jamais encontraremos a derrota
outra vez,
Mas porque nunca mais semearemos
a separação.

As escrituras nos dizem para pressagiar:
"Cada um se assentará debaixo da sua videira
 e debaixo da sua figueira,
 E não haverá quem os atemorize".
Se fizermos nosso melhor em nosso tempo,
 a vitória
Não estará no punhal, mas em todas as pontes
 que construímos.

Esse é o vale prometido,
O monte que escalamos, se ousarmos:
Porque ser americana é mais do que
 um orgulho herdado...
É a história que trazemos, é como reparamos
 o passado.

Vimos uma força capaz de despedaçar nossa
   nação, mas não de compartilhá-la,
Capaz de destruir nosso país se assim
   adiasse a democracia.
E esse esforço quase teve êxito.
Mas, embora possa
   ser adiada,
A democracia nunca pode ser derrotada.

Nessa verdade, nessa crença, confiamos.
Enquanto temos nossos olhos voltados ao futuro,
A história mantém seus olhos sobre nós.

Esta é a era da justa redenção.
Nós a tememos em seus primórdios.
Não nos sentíamos prontos para herdar
Um momento tão assustador.
Mas dentro de nós encontramos o poder
De escrever um novo capítulo,
Para oferecer a nós mesmos a esperança e o riso.

Embora um dia tenhamos perguntado: como é possível triunfar sobre a catástrofe?

Agora dizemos: como foi possível que a catástrofe triunfasse sobre nós?

Não voltaremos ao que era,
Seguiremos para o que será:
Uma nação ferida mas inteira,
Benevolente mas audaciosa,
Forte e livre.

Ninguém nos fará voltar atrás.
Não seremos interrompidos pela intimidação.
Porque sabemos que nossa inação e inércia
Serão a herança da próxima
   geração.
Nossas falhas serão seu fardo.
Mas uma coisa é fato:
Se unirmos a piedade ao poder, e o poder
   ao dever,
O amor se tornará nosso legado,
E a mudança, o direito de nascença de nossas crianças.

Que possamos deixar um país melhor
do que aquele que deixaram para nós.
Com cada fôlego de nossos torsos
forjados em bronze,
Vamos enaltecer esse mundo ferido
e torná-lo maravilhoso.

Avançaremos dos montes dourados
   do Oeste!
Avançaremos do Nordeste de ventos revoltos,
onde nossos antepassados fizeram
   a primeira revolução!
Avançaremos das cidades ladeadas pelos lagos
   dos estados do Centro-Oeste!
Avançaremos do Sul banhado pelo sol!

Vamos reconstruir, reconciliar e recuperar,
Em cada recanto de nossa nação,
Em cada canto que chamamos de nosso país,
Nosso povo, diverso e devotado.
Viremos, exaustos mas belos.

Quando chega o dia, saímos de nossa
   sombra,
Em chamas, sem medo.
A nova aurora floresce enquanto a libertamos,
Pois sempre há luz,
Se tivermos coragem de vê-la,
Se tivermos coragem de sê-la.